São Bento

Elam de Almeida Pimentel

São Bento

Invocado para afastar as forças do mal

Novena e ladainha

Petrópolis

© 2012, Editora Vozes Ltda.
Rua Frei Luís, 100
25689-900 Petrópolis, RJ
www.vozes.com.br
Brasil

3ª edição, 2014.

4ª reimpressão, 2022.

Todos os direitos reservados. Nenhuma parte desta obra poderá
ser reproduzida ou transmitida por qualquer forma e/ou quaisquer
meios (eletrônico ou mecânico, incluindo fotocópia e gravação)
ou arquivada em qualquer sistema ou banco de dados sem
permissão escrita da editora.

CONSELHO EDITORIAL

Diretor
Gilberto Gonçalves Garcia

Editores
Aline dos Santos Carneiro
Edrian Josué Pasini
Marilac Loraine Oleniki
Welder Lancieri Marchini

Conselheiros
Elói Dionísio Piva
Francisco Morás
Ludovico Garmus
Teobaldo Heidemann
Volney J. Berkenbrock

Secretário executivo
Leonardo A.R.T. dos Santos

Editoração: Fernando Sergio Olivetti da Rocha
Diagramação: Sheilandre Desenv. Gráfico
Capa: Omar Santos

ISBN 978-85-326-4383-4

Este livro foi composto e impresso pela Editora Vozes Ltda.

"A cruz sagrada seja minha luz. Não seja o dragão o meu chefe. Afasta-te, satanás, nunca me aconselhes tuas vaidades, a bebida que ofereces é o mal, bebe tu mesmo teus venenos."

Sumário

1 Apresentação, 9

2 Histórico da vida de São Bento, 12

3 Novena de São Bento, 15
    1º dia, 15
    2º dia, 17
    3º dia, 18
    4º dia, 19
    5º dia, 20
    6º dia, 22
    7º dia, 23
    8º dia, 24
    9º dia, 25

4 Orações a São Bento, 27

5 Ladainha de São Bento, 29

Apresentação

São Bento é conhecido como o fundador da ordem religiosa dos monges beneditinos. A vida de São Bento foi direcionada pela busca da Palavra de Deus e sua transmissão aos irmãos beneditinos, tendo elaborado a *Regra de São Bento*, guia para a vida dentro de um mosteiro, baseada na máxima "reza e trabalho".

A devoção a São Bento chegou ao Brasil ainda nas primeiras décadas da colonização do país, depois de se espalhar por toda a Europa. O mosteiro beneditino mais antigo da América do Sul foi construído em 1582, em Salvador, por monges vindos de Portugal. Em 1590 foi fundado outro no Rio de Janeiro e, mais tarde, em São Paulo.

Popularmente, São Bento é conhecido como o santo que afasta o mal e, assim, sua imagem é usada nas portas das casas de seus devotos como proteção. Também é muito usada a medalha de São Bento por seus devotos. Essa medalha, além da imagem do santo e da cruz, contém letras gravadas na horizontal e na vertical. Cada uma delas representa uma palavra latina, e o seu conjunto, versos utilizados pelo santo para exorcizar espíritos malignos. As letras CSPB, localizadas entre as hastes da cruz, significam "cruz do santo padre Bento". Numa linha vertical, o conjunto das letras CSSML forma a frase "a cruz sagrada seja minha luz". Na horizontal, nas letras NDS-MD, lê-se "não seja o dragão o meu chefe". Estes versos remetem à tentação que Bento venceu com o sinal da cruz. Logo em seguida, da direita para a esquerda, um conjunto de letras representa os versos "afasta-te, satanás, nunca me aconselhes tuas vaidades, a bebida que ofereces é o mal, bebe tu mesmo teus venenos". Com estas palavras Bento abençoou o cálice envenenado com o qual tentaram matá-lo. Esta medalha é considerada uma defesa contra os espíritos malignos. Os devotos usam-na como uma espécie de proteção contra qualquer mal que possa afetar suas vidas.

Este livrinho contém o histórico, a novena, as orações e a ladainha de São Bento, seguidos de uma oração para o pedido da graça especial, acompanhada de um Pai-nosso, uma Ave-Maria e um Glória-ao-Pai.

Histórico da vida de São Bento

Bento, o chefe dos monges do Ocidente, nasceu na Itália, em Núrsia, em família nobre, e seus pais enviaram-no, ainda jovem, para estudar em Roma. Desiludido com a decadência do Império Romano, abandonou tudo e fixou residência em uma gruta, no deserto, levando com ele Cirila, sua antiga ama de leite, a quem muito prezava. Mas, ao reconstituir um vaso quebrado, sua privacidade foi invadida. Cirila difunde o ato como milagre. Bento parte às escondidas para nova morada, inspirado a fazer a sua experiência eremítica e monástica. Ficou três anos na solidão, e sua experiência, aos poucos, contagiou outros jovens; entre eles, São Mauro e São Plácido.

Bento foi amadurecendo com o estudo das regras monásticas de São Pacômio e de São Basílio, adaptando-as ao espírito romano. Aos 40 anos, constrói o Mosteiro de Monte Cassino, considerado o centro propulsor da vida beneditina. Nesse mosteiro os monges não ficariam mais sozinhos, mas em comunidades sob a direção de um mestre espiritual. O objetivo era formar cristãos de acordo com os ensinamentos de Jesus Cristo, mediante a prática dos mandamentos e conselhos evangélicos, o que Bento acreditava ser mais fácil de ser atingido em comunidade do que na solidão. Buscava uma vida fundamentada na oração e no trabalho, no equilíbrio e na moderação, na hospitalidade, na autossustentação.

Devido à sua fama de santidade, as grandes famílias de Roma enviavam seus filhos para serem educados no mosteiro e, assim, Bento criou vários mosteiros. Sua irmã, Santa Escolástica, seguindo suas orientações, fundou mosteiros femininos, dando origem às beneditinas.

São Bento faleceu em Monte Cassino, aos 67 anos de idade. Previu sua própria morte e pediu que preparassem sua sepultura seis dias antes de morrer. Muito doente e abatido devido às penitências, participou da missa, comungou, e depois, de pé, com os braços abertos, sustentado pelos discípulos, faleceu. É comemorado no dia 11 de julho.

Iconograficamente, é representado de pé, vestido com o hábito dos beneditinos, segurando com a mão esquerda o báculo de abade e o livro de regras da ordem religiosa que fundou. Com a mão direita abençoa os devotos. Algumas vezes aparece um corvo ao seu lado, porque contam que esta ave andava sempre em sua companhia. Certa vez, os inimigos do santo lhe ofereceram um pão envenenado e o corvo, com o bico, tirou-o de sua mão, salvando-lhe a vida. Outra versão diz que ofereceram vinho envenenado ao santo monge e que, antes de bebê-lo, ele fez o sinal da cruz, dizendo: "Afasta-te de mim, satanás. Leve de volta o teu veneno", e a taça espatifou-se.

Sua imagem é colocada na porta das casas para afastar as forças do mal. É muito difundida a "imagem milagrosa de São Bento" para esse fim. É também reconhecido como o santo defensor contra as cobras.

Novena de São Bento

1º dia

Iniciemos com fé este primeiro dia de nossa novena, invocando a presença da Santíssima Trindade: em nome do Pai, do Filho e do Espírito Santo. Amém.

Leitura bíblica: Ef 6,11-18

> Revesti-vos da armadura de Deus para poderdes resistir às ciladas do diabo. A nossa luta não é contra forças humanas, mas contra os principados, contra as autoridades, contra os dominadores deste mundo tenebroso, contra os espíritos maus dos ares. Tomai, pois, a armadura de Deus, para que possais resistir no dia mau e, vitoriosos em tudo, manter-vos inabaláveis. Ficai alerta, cingidos com a verdade, o corpo revestido com a

couraça da justiça e os pés calçados, prontos para anunciar o Evangelho da paz. Empunhai a todo o momento o escudo da fé, com o que podereis inutilizar os dardos inflamados pelo maligno. Tomai, enfim, o capacete da salvação e a espada do espírito, que é a Palavra de Deus. Vivei em oração e em súplica. Orai em todo tempo no Espírito. Guardai uma vigilância contínua na oração e intercedei por todos os santos.

Reflexão

A fé em Deus e a vigilância contínua na oração nos ajudam a detectar as forças do mal e a combatê-las. A vida de São Bento foi uma luta contra as forças malignas, e ele, acreditando na força da oração, conseguiu dominá-las. Seguindo o exemplo de São Bento, oremos e peçamos sua intercessão.

Oração

Glorioso São Bento, vedes nossas necessidades espirituais e materiais e socorrei-nos. Com muita confiança, eu vos peço esta graça de que tanto necessito... (fala-se a graça a ser alcançada).

Pai-nosso.

Ave-Maria

Glória-ao-Pai.

São Bento, intercedei por nós.

2º dia

Iniciemos com fé este segundo dia de nossa novena, invocando a presença da Santíssima Trindade: em nome do Pai, do Filho e do Espírito Santo. Amém.

Leitura do Evangelho: Jo 8,12

Jesus falou-lhes outra vez: "Eu sou a luz do mundo. Quem me segue não andará nas trevas, mas terá a luz da vida".

Reflexão

Jesus nos guia, mesmo nos piores momentos. Ele é a luz divina que acaba com as trevas em nossas vidas. Deixemos Jesus, a luz divina, penetrar em nossas vidas, reconhecendo a sabedoria e o amor de Deus.

Oração

São Bento, recorro a vossa proteção contra as forças do mal. Confio em vossa intercessão junto a Jesus para me livrar de... (fazer o pedido).

Pai-nosso.

Ave-Maria

Glória-ao-Pai.

São Bento, intercedei por nós.

3º dia

Iniciemos com fé este terceiro dia de nossa novena, invocando a presença da Santíssima Trindade: em nome do Pai, do Filho e do Espírito Santo. Amém.

Leitura bíblica: Sl 18,2-3

> [...] Eu te amo, Senhor, minha força. O Senhor é meu rochedo, minha fortaleza e meu libertador, Ele é meu Deus, a rocha em que me refugio, meu escudo, a força de minha salvação, meu baluarte.

Reflexão

O salmo nos mostra que devemos ter total confiança no Senhor e, assim, São Bento acreditava também, pois colocava Jesus e o Evangelho como as realidades mais importantes de sua vida.

Oração

São Bento, propagador do amor divino, proteja-nos e mantenha-nos distantes dos nossos inimigos. Rogai por nós e concede-me a graça... (pede-se a graça desejada).

Pai-nosso.

Ave-Maria

Glória-ao-Pai.

São Bento, intercedei por nós.

4º dia

Iniciemos com fé este quarto dia de nossa novena, invocando a presença da Santíssima Trindade: em nome do Pai, do Filho e do Espírito Santo. Amém.

Leitura bíblica: 1Pd 5,7-9

> Lançai sobre ele vossas preocupações, porque cuida de vós. Estai alerta e vigiai, pois o vosso adversário, o diabo, anda em volta como um leão que ruge, procurando a quem devorar.

Resisti-lhe firmes na fé, considerando que iguais sofrimentos suportam nossos irmãos espalhados pelo mundo.

Reflexão

Em nossas vidas enfrentamos qualquer sofrimento se tivermos fé em Deus, pois Ele é o nosso socorro em qualquer circunstância angustiante. São Bento desprendeu-se de tudo para seguir o caminho da oração, acreditando que é preciso rezar sempre e nunca deixar de rezar.

Oração

São Bento, vós que tanto acreditastes nas forças da oração, rogai por nós e concedei-nos a graça... (pede-se a graça desejada).

Pai-nosso.

Ave-Maria

Glória-ao-Pai.

São Bento, intercedei por nós.

5º dia

Iniciemos com fé este quinto dia de nossa novena, invocando a presença da Santíssima Trindade: em nome do Pai, do Filho e do Espírito Santo. Amém.

Leitura bíblica: Ef 6,12

A nossa luta não é contra forças humanas, mas contra os principados, contra as autoridades, contra os dominadores deste mundo tenebroso, contra os espíritos maus dos ares.

Reflexão

Deus é a fonte de todas as graças, é a nossa libertação de todo o mal. Ele é o nosso abrigo seguro contra os espíritos malignos. São Bento assim acreditou e, seguindo seu exemplo, vamos acreditar no poder e no amor de Deus para vencer todas as tentações.

Oração

Ó querido São Bento, dai-me forças para vencer as tentações e atendei meu pedido... (fala-se o pedido e o nome da pessoa por quem se intercede).

Pai-nosso.

Ave-Maria

Glória-ao-Pai.

São Bento, intercedei por nós.

6º dia

Iniciemos com fé este sexto dia de nossa novena, invocando a presença da Santíssima Trindade: em nome do Pai, do Filho e do Espírito Santo. Amém.

Leitura bíblica: Sl 56,10-12

> Meus inimigos baterão em retirada no dia em que eu clamar a ti.
>
> Isto eu sei: Deus está a meu favor. Em Deus, cuja palavra eu louvo, no Senhor, cuja palavra eu louvo, neste Deus eu confio e nada temo: O que poderá um ser humano fazer contra mim?

Reflexão

Deus é o nosso abrigo seguro. Apoiemo-nos nele, confiemos plenamente a Jesus nossas aflições, entregando-nos a Ele e orando com fé e esperança.

Oração

São Bento, ouvi minha súplica, alcançai-me de Deus, nosso pai, a graça que vos peço... (fala-se a graça e o nome da pessoa por quem se intercede). Amém.

Pai-nosso.

Ave-Maria

Glória-ao-Pai.

São Bento, intercedei por nós.

7º dia

Iniciemos com fé este sétimo dia de nossa novena, invocando a presença da Santíssima Trindade: em nome do Pai, do Filho e do Espírito Santo. Amém.

Leitura bíblica: Rm 12,21

> Não te deixes vencer pelo mal, mas triunfa do mal com o bem.

Reflexão

Devemos ter fé em Deus e partilhar nossos problemas com Ele com total confiança. Ao permitir que Deus assuma nossa vida, começamos a sentir a presença dele e aprendemos a confiar nele. Ele é nosso amparo e auxílio em todas as situações.

Oração

São Bento, aguçai nossos ouvidos para que ouçamos a voz de Deus em todas as situações, principalmente nas que nos causam aflições. São Bento, a vós imploro a graça de que tanto necessito... (falar a graça desejada).

Pai-nosso.

Ave-Maria

Glória-ao-Pai.

São Bento, intercedei por nós.

8º dia

Iniciemos com fé este oitavo dia de nossa novena, invocando a presença da Santíssima Trindade: em nome do Pai, do Filho e do Espírito Santo. Amém.

Leitura do Evangelho: Mt 9,32

[...] apresentaram a Jesus um mudo endemoninhado. Ele expulsou o demônio, e o mudo começou a falar [...].

Reflexão

Nada é impossível para Deus; Ele sempre nos socorre nos momentos certos. Vamos pedir a São Bento forças para acreditar que, na hora certa, Deus responde nossas súplicas.

Oração

Glorioso São Bento, ajudai-me a compreender que nada é difícil para Deus. Recorro a vossa proteção para... (falar a graça que se deseja alcançar).

Pai-nosso.

Ave-Maria

Glória-ao-Pai.

São Bento, intercedei por nós.

9º dia

Iniciemos com fé este nono dia de nossa novena, invocando a presença da Santíssima Trindade: em nome do Pai, do Filho e do Espírito Santo. Amém.

Leitura do Evangelho: Jo 8,12

Jesus falou-lhes outra vez: "Eu sou a luz do mundo. Quem me segue não andará nas trevas, mas terá a luz da vida".

Reflexão

Quem segue os ensinamentos de Jesus, por Ele será sempre guiado e mal algum sobre ele vencerá. Jesus é nosso amparo em todos os momentos. É a luz que ilumina nossa vida.

Oração

São Bento, obrigado por nos ensinardes a acreditar que, com Jesus, podemos vencer todas as força do mal. Concedei-me a graça de que tanto necessito... (falar a graça que se deseja alcançar).

Pai-nosso.

Ave-Maria

Glória-ao-Pai.

São Bento, intercedei por nós.

Orações a São Bento

Oração n. 1

Ó glorioso Patriarca São Bento, que vos mostrastes sempre compassivo com os necessitados, fazei que também nós, recorrendo a vossa poderosa intercessão, obtenhamos auxílio em todas as nossas aflições; que, nas famílias, reine a paz e a tranquilidade; que se afastem de nós todas as desgraças tanto corporais como espirituais, especialmente o mal do pecado.

Alcançai do Senhor a graça (fazer o pedido) que vos suplicamos. Finalmente, vos pedimos que, ao término de nossa vida terrestre, possamos ir louvar a Deus convosco no paraíso. Amém.

Oração n. 2

Deus seja louvado,
os inimigos acorrentados
e os perseguidos abençoados.

São Bento, água-benta,
Jesus Cristo no altar
Afastai todos os perigos de... (falar o
nome da pessoa necessitada) para ela
se encontrar.

5

Ladainha de São Bento

Senhor, tende piedade de nós.
Jesus Cristo, tende piedade de nós.
Senhor, tende piedade de nós.

Jesus Cristo, ouvi-nos.
Jesus Cristo, atendei-nos.

Pai celeste, que sois Deus, tende piedade de nós.
Deus Filho, redentor do mundo, tende piedade de nós.
Deus Espírito Santo, tende piedade de nós.
Santíssima Trindade, que sois um só Deus, tende piedade de nós.

Santa Maria, rainha dos mártires, rogai por nós.

São Bento, discípulo de Jesus, rogai por nós.

São Bento, monge beneditino, rogai por nós.

São Bento, que viveu de penitência, rogai por nós.

São Bento, santo que afasta as forças do mal, rogai por nós.

São Bento, defensor nosso contra as cobras, rogai por nós.

São Bento, que vivia a serviço de Deus, rogai por nós.

São Bento, santo dos necessitados, rogai por nós.

São Bento, consolo dos aflitos, rogai por nós.

São Bento, dominador dos demônios, rogai por nós.

São Bento, modelo dos que vivem em comunidade, rogai por nós.

São Bento, que na vigilância e na oração derrotastes o maligno, rogai por nós.

São Bento, intercessor nosso junto a Deus, rogai por nós.

São Bento, santo cuja medalha afugenta toda maldade, rogai por nós.

São Bento, invocado para afastar a inveja e o ciúme, rogai por nós.

São Bento, santo que liberta das obsessões malignas, rogai por nós.

São Bento, defensor contra nossos inimigos, rogai por nós.

Cordeiro de Deus, que tirais o pecado do mundo, perdoai-nos, Senhor.

Cordeiro de Deus, que tirais o pecado do mundo, ouvi-nos, Senhor.

Cordeiro de Deus, que tirais o pecado do mundo, tende piedade de nós.

Jesus Cristo, ouvi-nos.

Jesus Cristo, atendei-nos.

Rogai por nós, São Bento
Para que sejamos dignos das promessas de Cristo.

Conecte-se conosco:

f facebook.com/editoravozes

📷 @editoravozes

🐦 @editora_vozes

▶ youtube.com/editoravozes

🟢 +55 24 2233-9033

www.vozes.com.br

Conheça nossas lojas:
www.livrariavozes.com.br

Belo Horizonte – Brasília – Campinas – Cuiabá – Curitiba
Fortaleza – Juiz de Fora – Petrópolis – Recife – São Paulo

EDITORA VOZES LTDA.
Rua Frei Luís, 100 – Centro – Cep 25689-900 – Petrópolis, RJ
Tel.: (24) 2233-9000 – E-mail: vendas@vozes.com.br